Veículos

Todolivro

Rodovia Jorge Lacerda, 5086 - Poço Grande
Gaspar - SC | CEP 89115-100

Ilustração:
Freepik e Shutterstock

Revisão:
Tamara B. G. Altenburg

IMPRESSO NA CHINA
www.todolivro.com.br

Dados Internacionais de Catalogação na Publicação (CIP)
(Câmara Brasileira do Livro, SP, Brasil)

Veículos: Memória - 3 anos / Todolivro; [Ilustração: Freepik e Shutterstock].
Gaspar, SC: Todolivro Editora, 2023.
(Todolivro Play; 20)

ISBN 978-65-5617-923-0

1. Jogos educativos - Atividades 2. Literatura infantojuvenil I. Todolivro.
II. Shutterstock. III. Série.

23-146654 CDD-028.5

Índices para catálogo sistemático:

1. Jogos educativos: Literatura infantil 028.5
2. Jogos educativos: Literatura infantojuvenil 028.5

Eliane de Freitas Leite - Bibliotecária - CRB 8/8415

Como jogar: de 2 a 3 jogadores

1. Este box contém **um jogo da memória com 24 peças.**
2. **Um por vez,** cada jogador deve virar **duas peças** e deixar que todos as vejam. **Caso as peças sejam correspondentes,** o jogador **deve recolher para si esse par e jogar outra vez.**
3. **Se forem peças diferentes, elas devem ser viradas novamente, sendo passada a vez ao jogador seguinte.**
4. **Vence aquele que encontrar o maior número de pares.**

Dicas:

1. Aproveite este incrível material para enriquecer a vivência e o repertório da criança. Por exemplo, com relação ao **nome dos veículos, leia-os e peça para que a criança repita em voz alta.**
2. É possível, também, **brincar com as onomatopeias** — o som de cada veículo. Pergunte: **"Como o carro faz?". "VRUMMM!"**. E assim por diante.
3. Pode-se trabalhar **aspectos cognitivos,** com a **memória após a leitura,** perguntando:**"Qual** veículo usamos para **passear?"**, fazendo desse modo com todos os meios de transporte apresentados.
4. Ao final do livro, e só **praticar** e se **divertir** com o **Procure e Ache!**

Objetivo: **Conhecer os veículos e como os utilizamos, treinar a memória e se divertir muito.**

Cuidado com as peças:

- Guardar dentro da caixa em local seco e arejado.
- Não expor à alta temperatura.
- Não molhar, dobrar, perfurar, colar ou riscar.
- Evitar atrito excessivo nas bordas para não danificar as camadas do cartão.
- Para limpar, use um pano seco ou levemente úmido apenas nas superfícies.

Boa diversão!

ESTE É UM
CARRO.

COM O **CARRO**,
PODEMOS PASSEAR.

ESTE É UM
CARRO DA POLÍCIA.

O CARRO DA POLÍCIA
LEVA O LADRÃO PARA
A DELEGACIA.

ESTA É UMA
MOTO.

A **MOTO** SÓ TEM DUAS RODAS. PARA ANDAR NELA, É PRECISO USAR CAPACETE!

ESTE É UM ÔNIBUS.

O ÔNIBUS PODE TRANSPORTAR MUITAS PESSOAS!

ESTE É UM
CAMINHÃO DE LIXO.

O CAMINHÃO DE LIXO
É BEM GRANDE E LEVA
O LIXO PARA A RECICLAGEM.

ESTE É UM

CAMINHÃO DE BOMBEIROS.

O CAMINHÃO DE BOMBEIROS APAGA O FOGO.

ESTA É UMA

AMBULÂNCIA.

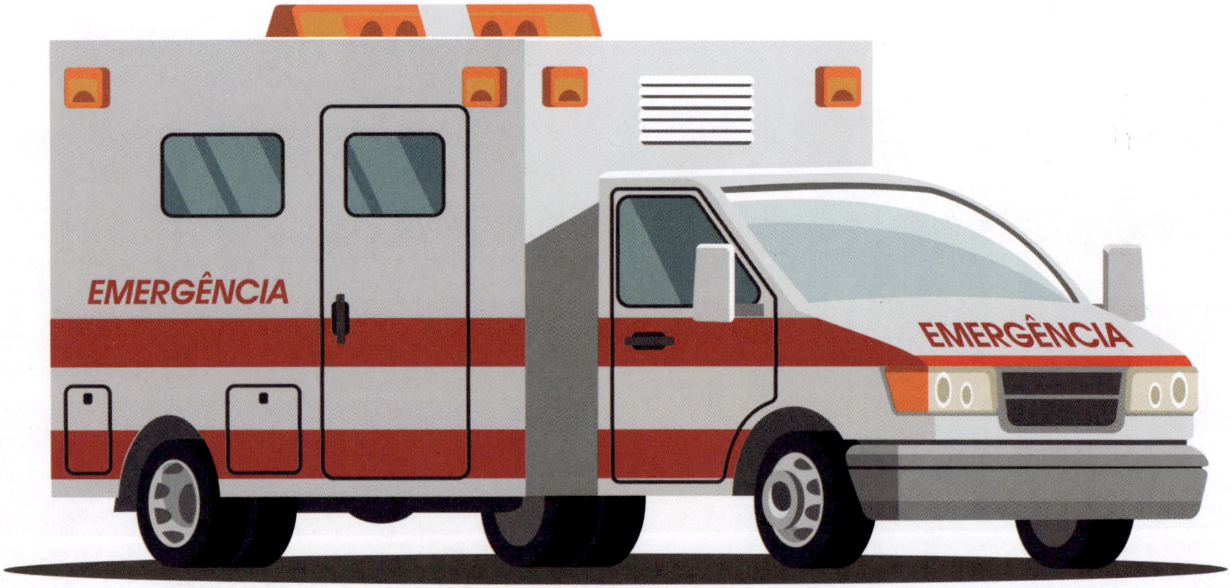

A **AMBULÂNCIA** LEVA AS PESSOAS DOENTES PARA O HOSPITAL.

ESTA É A UMA
ESCAVADEIRA.

A **ESCAVADEIRA** COLOCA
A TERRA NA CAÇAMBA.

ESTE É UM

AVIÃO.

O AVIÃO VOA
MUITOOO ALTO!

ESTE É UM
BARCO.

O **BARCO** FICA
EM CIMA DA ÁGUA.

PROCURE E ACHE

- DOZE VEÍCULOS.
- **ATENÇÃO: DOIS VEÍCULOS NÃO** FORAM APRESENTADOS ANTERIORMENTE, SENDO QUE **UM DELES ESTÁ FORA DE CONTEXTO.** VOCÊ SABE O NOME DELES?

- SEMPRE QUE VOCÊ ENCONTRAR UM VEÍCULO, **APONTE E DIGA SEU NOME EM VOZ ALTA.**